first word search

Reading Is Fun

Illustrated by
Ed Shems

STERLING

New York / London
www.sterlingpublishing.com/kids

Lot #:
10 9 8 7 6 5 4 3 2 1
09/10
Published by Sterling Publishing Co., Inc.
387 Park Avenue South, New York, NY 10016

© 2007 by Sterling Publishing Co., Inc.

Distributed in Canada by Sterling Publishing
c/o Canadian Manda Group, 165 Dufferin Street
Toronto, Ontario, Canada M6K 3H6
Distributed in Australia by Capricorn Link (Australia) Pty. Ltd.
P.O. Box 704, Windsor, NSW 2756, Australia

Manufactured in Canada
All rights reserved.

Sterling ISBN 978-1-4027-7811-7

For information about custom editions, special sales, premium and
corporate purchases, please contact Sterling Special Sales
Department at 800-805-5489 or specialsales@sterlingpublishing.com.

A Note to Parents:

Word search puzzles are both great teaching tools and lots of fun. After reading the word and spelling it out loud, have your child search for it in the grid. Then once it's found, have your child use the word in a sentence. This will help to reinforce vocabulary and grammatical skills.

Directions:

Each puzzle consists of a letter grid and a word list at the bottom of the grid. Each word can be found somewhere in the letter grid. The tricky part is that a word can appear reading forward, backward, up, down, or diagonally. There are many different ways to search for a word. A few hints: First look for words that go across; words that go down; or words with unusual letters in them, like Q, Z, X, or J. Once the word is found, draw a circle around it. It's also a good idea to cross out the words from the word list once you've found them so that no time is wasted searching for the same word twice. Once all of the words have been found, check in the answer section to see if they are right. That's all there is to it!

Good luck and have fun!

At the Beach

```
X E T I K F A B E
L A K O L E Y A O
E K T H W S D L M
V A O S H E L L A
O J H U R V L D I
H T S D N A S W Q
S L I A P W A L Y
L I F E G U A R D
E F T H R Z W O X
```

Ball
Fish
Kite
Lifeguard
Pail

Sand
Shell
Shovel
Towel
Waves

At the Circus

```
T C L O W N B R W
N F L O X E J E T
O T E N T U O G I
I R Y Z G P R I C
L N P G E I B T K
D A L O T P I H E
W E L E P H A N T
R I N G C X W R H
E P O R T H G I T
```

Clown	Tent
Elephant	Ticket
Lion	Tiger
Juggler	Tightrope
Ring	Trapeze

At a Restaurant

```
P  C  B  O  W  L  W  A  N
L  N  H  E  L  B  A  T  S
O  I  A  C  S  U  I  J  S
F  L  E  P  L  A  T  E  A
O  Q  L  I  K  A  E  T  L
R  H  I  U  M  I  R  X  G
K  N  I  F  E  E  N  B  K
C  L  U  M  N  O  O  P  S
D  K  R  E  U  S  G  L  F
```

Bowl	Napkin
Fork	Plate
Glass	Spoon
Knife	Table
Menu	Waiter

Baby Animals

```
F L A C E J O E Y
I O Y H J L Z K B
Q E A I I X T I U
R L D C U B E T S
A O P K Z M L T I
H P R F R E G E E
T D U C K L I N G
O A S D P U P P Y
R T E H B M A L K
```

Calf
Chick
Cub
Duckling
Joey

Kitten
Lamb
Piglet
Puppy
Tadpole

Bedtime

B L A N K E T H P
N L H O N F U E A
W O L L I P C O J
G D S M G O K R A
N E L S H I J S M
S H E E T S E T A
A K E V U B Y O S
H Z P H U R N R K
C O Q L N W A Y C

Blanket   Sheets
Doll   Sleep
Night   Story
Pajamas   Tuck
Pillow   Yawn

Birthday Party

```
W S B T Q W I S H
P I A Z Z I P S U
R B L G I F T J C
E D L I C Y S G A
S N O R M A B A N
E R O C D Y K M D
N X N O S M I E L
T O S A C K Y S E
S T R E A M E R S
```

Balloons
Cake
Candles
Games
Gift

Pizza
Presents
Soda
Streamers
Wish

Body Parts

```
D  E  L  B  O  W  O  L  F
A  G  C  L  W  I  M  I  L
N  E  C  K  H  A  N  D  O
O  L  E  S  N  G  R  C  U
S  X  A  N  E  L  I  M  H
E  W  D  R  I  O  R  E  S
N  W  U  A  S  B  T  R  F
G  L  D  I  E  I  Q  K  A
C  M  O  U  T  H  C  Y  D
```

Arms
Elbow
Finger
Hand
Head

Leg
Mouth
Neck
Nose
Toes

Camping Out

```
W C A J I H C O H
I R Z G R I L L J
G E A L Y K E D S
N L A N T E R N T
I K E D K W A N A
H P I T N E T M R
S C Z A B E A R S
I R E W D X C T O
F I R E W K O O C
```

Beans
Bears
Cook
Fire
Fishing

Grill
Hike
Lantern
Stars
Tent

Clothing

```
S  K  C  O  S  H  I  R  T
T  W  I  N  E  F  O  C  R
N  I  E  W  I  Z  E  J  I
A  O  S  A  T  J  K  V  K
P  F  H  A  T  A  X  E  S
F  M  O  N  U  E  L  S  G
Q  U  E  C  E  B  R  T  A
J  O  S  D  X  Y  W  I  D
G  O  S  H  O  R  T  S  K
```

Hat	Skirt
Pants	Socks
Shirt	Sweater
Shoes	Tie
Shorts	Vest

Colors

```
B  R  O  W  N  C  D  L  G
T  V  E  B  L  U  E  W  R
F  S  I  L  V  E  R  O  E
I  D  P  A  V  Y  G  L  E
E  B  R  C  S  S  E  L  N
T  Y  W  K  N  I  P  E  R
I  E  P  M  G  R  I  Y  A
H  R  O  N  U  O  R  X  I
W  V  O  P  D  L  N  D  N
```

Black
Blue
Brown
Green
Pink

Purple
Red
Silver
White
Yellow

Computers

```
D I S K U E L I F
S T C E K S D R E
R B R E R U G A N
E K E Y B O A R D
T H E M O M M H M
N S N A N P E O W
I A E Z O E S A L
R V Y A C T P W Y
P E C K I X Y O A
```

Disk
File
Games
Icon
Keyboard

Mouse
Open
Printer
Save
Screen

Countries

```
G  H  I  L  M  I  U  U  I
E  S  C  H  I  N  A  R  F
R  U  E  A  P  D  Y  E  I
M  R  C  W  N  I  L  P  N
A  D  E  N  M  A  R  K  L
N  A  E  B  D  I  D  F  A
Y  F  R  A  N  C  E  A  N
C  H  G  J  U  Z  I  Y  D
I  N  O  R  W  A  Y  D  O
```

Canada
China
Denmark
Finland
France

Germany
Greece
India
Norway
Peru

Deck of Cards

```
D I F K S E V E N
Y Q L U R P Y L E
Z U S P L U A U C
H E A R T N T D E
R E K O J A C K E
J N Z A M E K P C
E T L W C S I L L
Y D I A M O N D U
T Z G I L J G P B
```

Ace
Club
Diamond
Heart
Jack

Joker
King
Queen
Seven
Spade

Dessert

```
E I N W O R B Y F
S T U N H G U O D
G H A W P I E Y E
N E O L K T U K Z
I G J I O M A F G
D D C K B C W R X
D U E F P R O N T
U F R U I T O H F
P R C O O K I E C
```

Brownie
Chocolate
Cookie
Cupcake
Doughnuts

Fruit
Fudge
Pie
Pudding
Tart

Doctor's Office

B O O K S Y O T E
L A E L A C S Y N
O J N S N H N P U
L M A D O R E I R
L O R T A X E Z S
I C R L A G Z P E
P N E E D L E X U
O D O Z L I F T M
P S R E K C I T S

Bandage
Books
Lollipop
Needle
Nurse

Scale
Shot
Sneeze
Stickers
Toys

Fairy Tale

```
P M O N S T E R L
R A E P R I N C E
I G V O Y D G H X
W I G N I K R E G
I C O I S C U R R
Z X R D R A G O N
A S G O V I P A J
R T W C A S T L E
D N A W Y A T U Y
```

Castle
Crown
Dragon
Hero
King

Magic
Monster
Prince
Wand
Wizard

Family Members

```
S  A  M  D  N  A  R  G  I
I  Y  J  U  M  E  R  Y  C
S  O  N  T  H  R  O  Z  O
T  M  A  T  G  F  N  L  U
E  K  O  R  H  A  P  U  S
R  R  I  T  R  T  U  N  I
B  N  T  U  H  H  M  C  N
J  N  E  P  H  E  W  L  X
T  N  U  A  P  R  R  E  O
```

Aunt	Mother
Brother	Nephew
Cousin	Sister
Father	Son
Grandma	Uncle

Farm Animals

```
J C H I C K E N E
G O D G A O U B T
H O U S T U W Y U
B D C G U C K N R
U H K X T U P E K
L R O O S T E R E
P K U R E C E L Y
I E V Y S P H C X
G O C W P E S M E
```

Cat
Chicken
Cow
Dog
Duck

Horse
Pig
Rooster
Sheep
Turkey

Farm Sounds

```
K F I B A A E G Z
P I K G A H O O T
M E O W F R T B C
O M O G N P K B J
O S S E H C P L X
Z L V K U G R E N
E I Y L M O I N K
K P C R O W H I X
Q U A C K G N D L
```

Baa	Hoot
Bark	Meow
Cluck	Moo
Crow	Oink
Gobble	Quack

Fruits

```
M R G T S E J O Y
Y A R K I W I R I
L E A E B O R A Z
A P P L E E T N O
N J E U B L I G Y
A C A E N O M E L
N S U O F X Y M I
A L P E A C H R M
B B Y P R D N O E
```

Apple
Banana
Blueberry
Grape
Kiwi

Lemon
Lime
Orange
Peach
Pear

Furniture

```
B E D I F E L O T
E O B E N D E S K
L S O F A C E L M
T W N K W H Z T I
C A O W C H A I R
U I B G P A Y N R
N T I L A L S S O
J N D R E S S E R
E Y H C U O C N K
```

Bed
Bookcase
Chair
Chest
Couch

Desk
Dresser
Mirror
Sofa
Table

Ice Cream

```
S E L K N I R P S
U V A N I L L A T
N I E C I N W S U
D P F I L Y M Y N
A F T O R N D R I
E R W R K N I U C
L A E G D U F P O
C H W M I N T X N
C H O C O L A T E
```

Cherry
Chocolate
Cone
Fudge
Mint

Nuts
Sprinkles
Sundae
Syrup
Vanilla

26

Insects

```
C Y F I R E F L Y
D R M L R K L A U
P A I V E E B D E
S V M C N A O Y Y
A Z A D K N I B T
W R M I R E H U M
O H O R N E T G V
N L T O B U N F A
S E H O R O A C H
```

Ant	Hornet
Bee	Ladybug
Cricket	Moth
Firefly	Roach
Flea	Wasp

In the Bathroom

```
N  S  I  N  K  I  E  P  H
T  H  M  T  B  L  H  S  A
E  O  M  L  A  E  A  E  M
L  W  X  B  T  W  U  R  P
I  E  A  W  H  O  E  A  E
O  R  P  T  T  O  I  R
T  M  U  O  U  S  E  T  O
N  O  C  H  B  M  O  C  K
M  N  S  H  A  M  P  O  O
```

Bathtub
Comb
Hamper
Mouthwash
Shampoo

Shower
Sink
Soap
Toilet
Towel

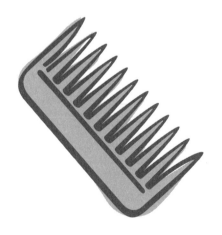

Let's Bake!

```
B  U  Z  F  R  E  M  I  T
M  C  K  O  M  Y  F  N  I
I  W  R  W  D  E  N  I  K
X  U  E  G  F  L  O  U  R
I  C  C  J  A  N  R  A  F
S  T  I  R  W  I  P  R  O
G  B  P  L  L  P  A  N  V
B  R  E  A  D  F  J  S  E
V  N  Y  M  U  F  F  I  N
```

Apron   Oven
Bread   Pan
Flour   Recipe
Mix   Stir
Muffin   Timer

Monsters

```
W J M U M M Y L S
E S T E I B M O Z
R T P E D J O N V
E S R O I U H U A
W E L O L T S D M
O H U U L C E A P
L O S E O L Y X I
F I T S O H G C R
B N I L B O G E E
```

Cyclops
Ghost
Ghoul
Goblin
Medusa

Mummy
Troll
Vampire
Werewolf
Zombie

Movie Time

```
A P O P C O R N A
H M I S T A E S C
O L A T I C K E T
R T G R M Y N O I
R B I L D U E T O
O F A E P A E N N
R W M L I F R U O
T O A J C D C H F
C A N D Y G S A E
```

Action	Horror
Candy	Popcorn
Comedy	Screen
Drama	Seats
Film	Ticket

Musical Instruments

```
R I C K E T U L F
E O B A N J O R I
C T E P M U R T E
O Y E I O L C U L
R D A A H Y K B N
D M E N S P R A H
E U S O D B U W O
R R A G S Y L J R
C D U V I O L I N
```

Banjo
Drum
Flute
Harp
Horn

Piano
Recorder
Trumpet
Tuba
Violin

Numbers

```
D  G  T  E  N  P  U  M  E
W  F  I  V  E  A  E  N  I
U  O  P  L  S  U  N  I  G
Y  R  E  E  X  E  O  L  H
T  T  F  W  E  E  M  I  T
X  Y  I  T  O  E  L  O  A
E  U  X  K  V  R  T  R  Y
L  I  O  C  T  H  N  E  X
S  E  V  E  N  T  Y  Z  C
```

Eight
Five
Forty
One
Seventy

Sixteen
Ten
Three
Twelve
Zero

On the Calendar

```
D  O  M  O  N  D  A  Y  P
F  H  O  I  F  R  P  A  G
R  C  N  Y  E  A  R  D  N
I  R  T  L  O  V  I  N  T
D  A  H  O  E  L  L  U  N
A  M  I  N  P  H  S  S  P
Y  F  U  T  S  U  G  U  A
O  J  C  N  B  Y  N  B  J
N  O  V  E  M  B  E  R  Y
```

April   Monday
August   Month
Friday   November
June   Sunday
March   Year

Outer Space

```
A  S  T  E  R  O  I  D  Q
U  I  K  T  E  N  A  L  P
E  S  A  T  U  R  N  D  R
S  T  H  L  N  A  E  N  E
T  A  G  U  T  F  C  O  T
W  R  S  R  T  G  R  O  I
L  I  R  O  E  T  E  M  P
V  U  A  J  A  C  L  D  U
C  O  M  E  T  Z  W  E  J
```

Asteroid
Comet
Jupiter
Mars
Meteor

Moon
Planet
Saturn
Shuttle
Star

Household Pets

```
H A M S T E R L S
J Y B D O G A B N
G A N V R X B O A
N E A R R A B R K
R E R O A E I O E
G I A B P D T A C
O R L P I U L E Y
R Q T O U L W J H
F I S H K B I R D
```

Bird
Cat
Dog
Fish
Frog

Gerbil
Hamster
Parrot
Rabbit
Snake

Pizza Toppings

```
O K Y C H E E S E
S A U S A G E M V
A T O M A T O J I
U Z I E C O N G L
C T G A R L I C O
E H N H I T R N D
H U S S I E I E K
A U A A L O O P I
M B S V N P O C S
```

Basil	Olive
Cheese	Onion
Garlic	Sauce
Ham	Sausage
Mushroom	Tomato

Playtime

```
J  C  R  A  Y  O  N  I  H
U  S  K  C  O  L  B  C  B
M  D  A  W  I  X  T  H  S
P  R  K  L  L  O  D  E  S
R  A  I  T  C  M  M  C  I
O  C  R  S  R  A  E  K  E
P  O  P  D  G  N  G  E  S
E  O  I  M  P  Y  A  R  X
H  B  K  C  U  R  T  S  B
```

Blocks
Cards
Checkers
Crayon
Doll

Games
Hopscotch
Jumprope
Tag
Truck

School Subjects

```
C O M P U T E R S
N T H Y M U S I C
D R A M A H I Y I
A A N H T O R L E
N H W C H O G I N
C T E U T B E W C
E S H S I L G N E
H Z I L U Z J E R
C H Q S E P M Y G
```

Art
Computers
Dance
Drama
English

Gym
History
Math
Music
Science

School Supplies

```
R H A W E U L G P
E R A S E R V K E
L S M Y N K C M N
U R M D E A W A C
R E P A P O K R I
S M G K Q U R K L
I W C H A L K E S
C A I P R I M R O
B S C I S S O R S
```

Backpack
Chalk
Eraser
Glue
Marker

Paper
Pen
Pencil
Ruler
Scissors

Shapes

```
D I A M O N D O C
H N U G Y T N E I
E O V A L O L R R
A E N O T G A A C
R S N O N C E U L
T T O A U K R Q E
F A I B F M A S S
P R E S P I L L E
T O C T A G O N U
```

Circle
Cube
Diamond
Ellipse
Heart

Octagon
Oval
Square
Star
Triangle

Sick

```
S W Y F S D L O C
T A C H E D L E O
E A M X R L S O U
R E F E V E R U G
O I L L Z T E I H
T S U A N E M A P
C X Z G O F E R T
O R B E D O R N P
D G I T C P U O S
```

Ache	Fever
Bed	Flu
Cold	Ill
Cough	Sneeze
Doctor	Soup

Sports

F B G N I F R U S
B O X I N G E A K
H W O S P E B I A
O L G T I A Z O T
C I O S B N M P I
K N L D W A N X N
E G F A C A L E G
Y R E C C O S L T
R U N N I N G P H

Bowling
Boxing
Football
Golf
Hockey

Running
Skating
Soccer
Surfing
Tennis

States

```
P H V E R M O N T
T H N O G E R O T
E N E V A D A I F
X U Z N W N I O L
A F V E O N I T O
S A L I I H E Y R
P U A X O H A D I
G J H E N I A M D
D K H A L A S K A
```

Alaska
Florida
Idaho
Iowa
Maine

Nevada
Ohio
Oregon
Texas
Vermont

Summer

```
L B A L L O V E H
A E T R U Y L U J
T A N I T H M K P
E C E O U I T M I
T H E N D X A B P
A U N I S C I N O
B E K A L Z N H O
X U T W O J L O L
S W I M S U I T Q
```

Ball
Beach
Camp
Hot
Humid

July
Lake
Pool
Swimsuit
Tan

Time to Work

```
R A C T O R I N Y
Y R P K K O O C F
S T E I R P N T I
E I T N C A I E R
D S O R M N W V E
B T L L U S E R M
W R I T E R C O A
T A P T E S R U N
M R E T R O P E R
```

Actor
Artist
Cook
Fireman
Mailman

Nurse
Pilot
Reporter
Vet
Writer

Transportation

```
B  U  S  U  K  T  A  N  C
P  J  M  R  C  S  I  M  A
O  E  U  T  U  H  R  E  R
P  T  F  A  R  E  P  M  Y
C  L  I  N  T  T  L  R  L
O  C  U  O  R  O  A  N  T
I  R  O  S  A  U  N  G  A
A  C  W  E  I  X  E  A  O
S  B  U  R  N  E  K  I  B
```

Airplane
Bike
Boat
Bus
Car

Jet
Raft
Scooter
Train
Truck

Under the Sea

```
W  A  T  E  R  I  X  E  D
H  U  N  L  A  R  O  C  I
A  S  E  A  W  E  E  D  U
L  U  H  S  X  N  O  G  Q
E  P  T  A  K  U  L  T  S
P  O  S  H  R  I  M  P  E
B  T  L  W  O  K  Z  G  V
N  C  K  T  R  B  A  R  C
D  O  L  P  H  I  N  E  Y
```

Coral
Crab
Dolphin
Octopus
Seaweed

Shark
Shrimp
Squid
Water
Whale

Vegetables

```
C A R R O T E E B
E I G Y U M P P R
L R A D I S H E O
E W X I S C E A C
R V A S A P N S C
Y R A N O I N O O
E U I B I G H O L
E P O T A T O Y I
S M O O R H S U M
```

Beet
Broccoli
Carrot
Celery
Mushroom

Onion
Peas
Potato
Radish
Spinach

Weather

T O R N A D O X M
E A L S G D A R W
E R Y C R A E L C
L G L U N H W F L
S T O R M Y R E O
G U S N L D A N U
O B N U N N Y R D
F R R N T I R W Y
R A I N Y W K L E

Clear	Sleet	
Cloudy	Stormy	
Dry	Sunny	
Fog	Tornado	
Rain	Windy	

Winter

```
D L O C Y D E L S
W T Y Q A Y E N K
O M I T T E N S I
L V C E S A N K S
F I Y S M I J O R
R B L W S T O O B
A K O R H A I L Y
C N C I A B I L I
S N O W F L A K E
```

Boots
Cold
Hail
Icy
Mittens

Scarf
Skis
Sled
Snowflake
Snowman

Zoo Trip

```
X E N O Z T A O G
M O N K E Y H O I
E L T R U T G D R
D N I U G N E P A
E Y O P I D A A F
E N Z M B R A C F
R A A F B R N J E
C L A E E K A N S
F A Z P A N D A P
```

Deer
Flamingo
Giraffe
Goat
Monkey

Panda
Penguin
Snake
Turtle
Zebra

At the Beach

```
X  E  T  I  K  F  A  B  E
L  A  K  O  L  E  Y  A  O
E  K  T  H  W  S  D  L  M
V  A  O  S  H  E  L  L  A
O  J  H  U  R  V  L  D  I
H  T  S  D  N  A  S  W  Q
S  L  I  A  P  W  A  L  Y
L  I  F  E  G  U  A  R  D
E  F  T  H  R  Z  W  O  X
```

At the Circus

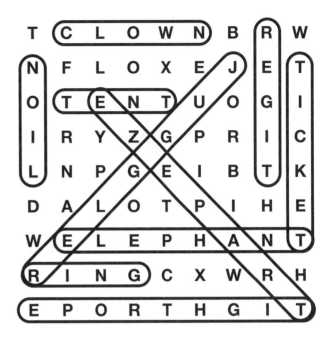

```
T  C  L  O  W  N  B  R  W
N  F  L  O  X  E  J  E  T
O  T  E  N  T  U  O  G  I
I  R  Y  Z  G  P  R  I  C
L  N  P  G  E  I  B  T  K
D  A  L  O  T  P  I  H  E
W  E  L  E  P  H  A  N  T
R  I  N  G  C  X  W  R  H
E  P  O  R  T  H  G  I  T
```

At a Restaurant

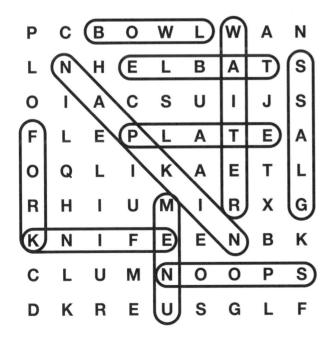

```
P  C  B  O  W  L  W  A  N
L  N  H  E  L  B  A  T  S
O  I  A  C  S  U  I  J  S
F  L  E  P  L  A  T  E  A
O  Q  L  I  K  A  E  T  L
R  H  I  U  M  I  R  X  G
K  N  I  F  E  E  N  B  K
C  L  U  M  N  O  O  P  S
D  K  R  E  U  S  G  L  F
```

Baby Animals

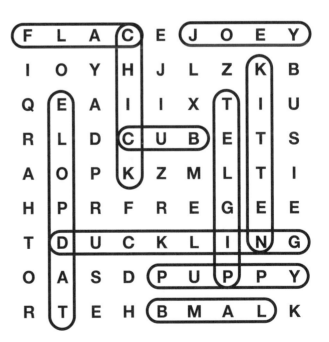

```
F  L  A  C  E  J  O  E  Y
I  O  Y  H  J  L  Z  K  B
Q  E  A  I  X  T  I  U
R  L  D  C  U  B  E  T  S
A  O  P  K  Z  M  L  T  I
H  P  R  F  R  E  G  E  E
T  D  U  C  K  L  I  N  G
O  A  S  D  P  U  P  P  Y
R  T  E  H  B  M  A  L  K
```

Bedtime

Birthday Party

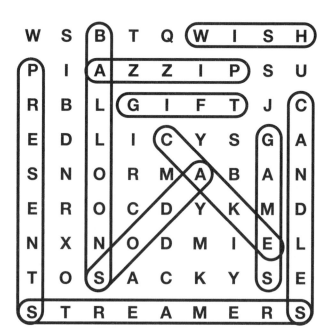

Body Parts

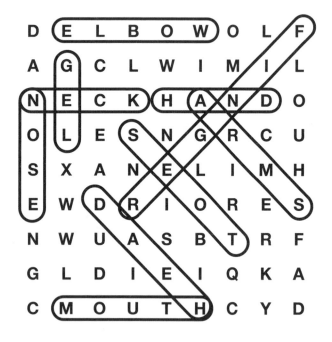

Camping Out

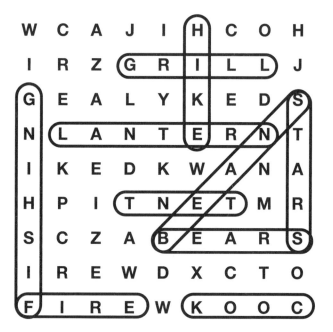

Clothing

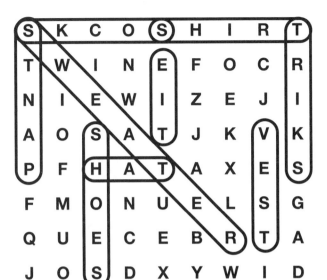

S	K	C	O	S	H	I	R	T
T	W	I	N	E	F	O	C	R
N	I	E	W	I	Z	E	J	I
A	O	S	A	T	J	K	V	K
P	F	H	A	T	A	X	E	S
F	M	O	N	U	E	L	S	G
Q	U	E	C	E	B	R	T	A
J	O	S	D	X	Y	W	I	D
G	O	S	H	O	R	T	S	K

Colors

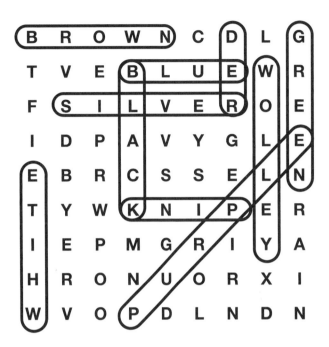

B	R	O	W	N	C	D	L	G
T	V	E	B	L	U	E	W	R
F	S	I	L	V	E	R	O	E
I	D	P	A	V	Y	G	L	E
E	B	R	C	S	S	E	L	N
T	Y	W	K	N	I	P	E	R
I	E	P	M	G	R	I	Y	A
H	R	O	N	U	O	R	X	I
W	V	O	P	D	L	N	D	N

Computers

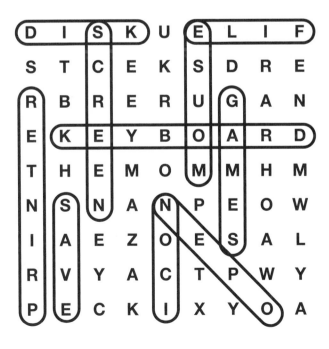

D	I	S	K	U	E	L	I	F
S	T	C	E	K	S	D	R	E
R	B	R	E	R	U	G	A	N
E	K	E	Y	B	O	A	R	D
T	H	E	M	O	M	M	H	M
N	S	N	A	N	P	E	O	W
I	A	E	Z	O	E	S	A	L
R	V	Y	A	C	T	P	W	Y
P	E	C	K	I	X	Y	O	A

Countries

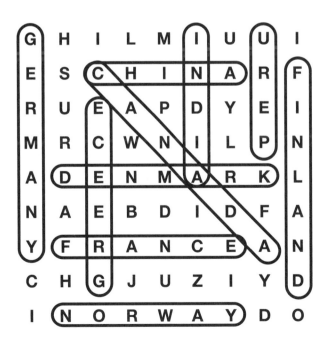

G	H	I	L	M	I	U	U	I
E	S	C	H	I	N	A	R	F
R	U	E	A	P	D	Y	E	I
M	R	C	W	N	I	L	P	N
A	D	E	N	M	A	R	K	L
N	A	E	B	D	I	D	F	A
Y	F	R	A	N	C	E	A	N
C	H	G	J	U	Z	I	Y	D
I	N	O	R	W	A	Y	D	O

55

Deck of Cards

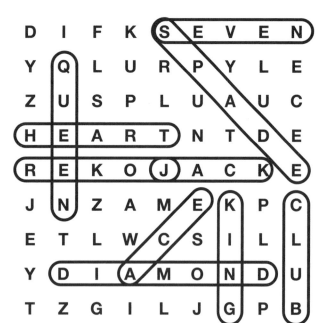

Dessert

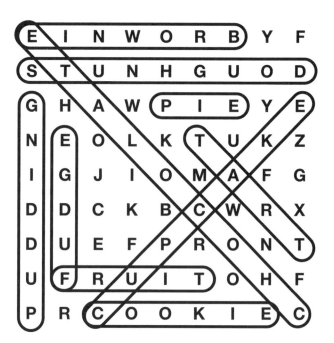

Doctor's Office

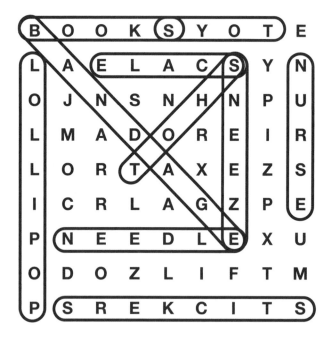

Fairy Tale

56

Family Members

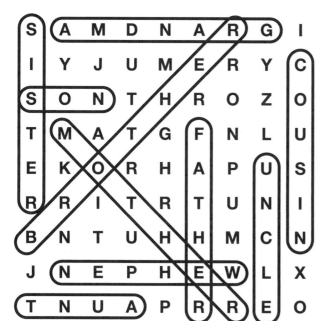

Farm Animals

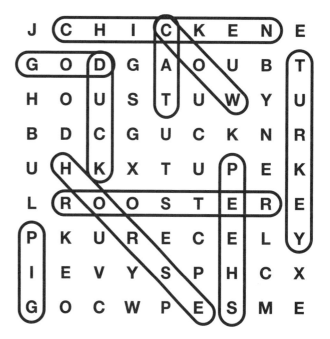

Farm Sounds

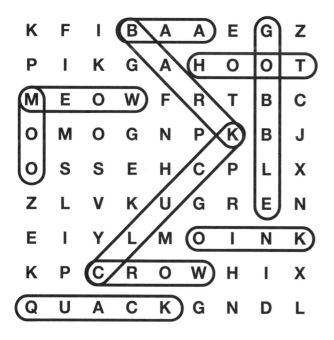

Fruits

Furniture

Ice Cream

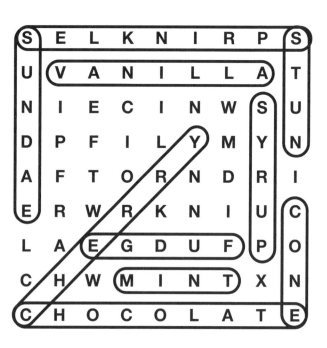

Insects

In the Bathroom

58

Let's Bake!

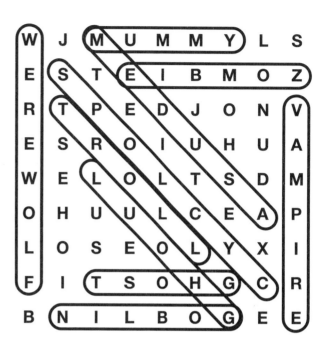

```
B  U  Z  F  R  E  M  I  T
M  C  K  O  M  Y  F  N  I
I  W  R  W  D  E  N  I  K
X  U  E  G  F  L  O  U  R
I  C  C  J  A  N  R  A  F
S  T  I  R  W  I  P  R  O
G  B  P  L  L  P  A  N  V
B  R  E  A  D  F  J  S  E
V  N  Y  M  U  F  F  I  N
```

Monsters

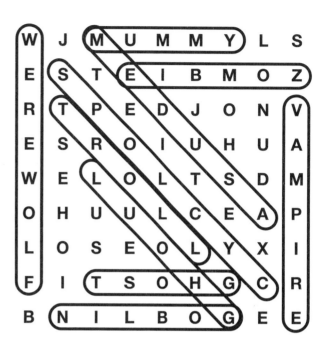

```
W  J  M  U  M  M  Y  L  S
E  S  T  E  I  B  M  O  Z
R  T  P  E  D  J  O  N  V
E  S  R  O  I  U  H  U  A
W  E  L  O  L  T  S  D  M
O  H  U  U  L  C  E  A  P
L  O  S  E  O  L  Y  X  I
F  I  T  S  O  H  G  C  R
B  N  I  L  B  O  G  E  E
```

Movie Time

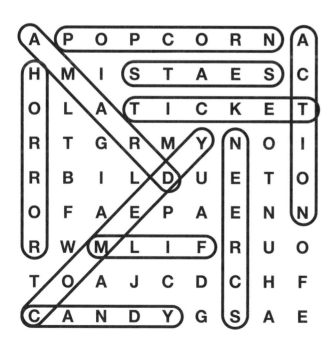

```
A  P  O  P  C  O  R  N  A
H  M  I  S  T  A  E  S  C
O  L  A  T  I  C  K  E  T
R  T  G  R  M  Y  N  O  I
R  B  I  L  D  U  E  T  O
O  F  A  E  P  A  E  N  N
R  W  M  L  I  F  R  U  O
T  O  A  J  C  D  C  H  F
C  A  N  D  Y  G  S  A  E
```

Musical Instruments

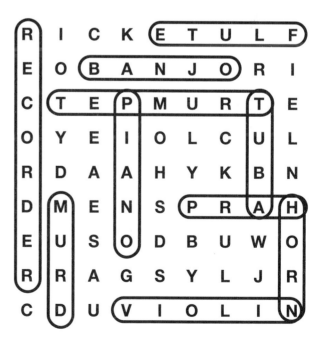

```
R  I  C  K  E  T  U  L  F
E  O  B  A  N  J  O  R  I
C  T  E  P  M  U  R  T  E
O  Y  E  I  O  L  C  U  L
R  D  A  A  H  Y  K  B  N
D  M  E  N  S  P  R  A  H
E  U  S  O  D  B  U  W  O
R  R  A  G  S  Y  L  J  R
C  D  U  V  I  O  L  I  N
```

Numbers

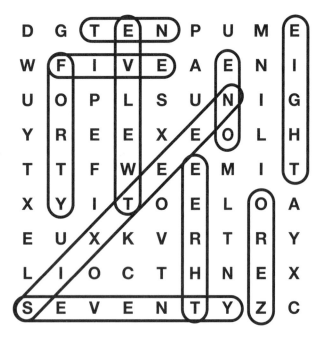

```
D  G  T  E  N  P  U  M  E     E
W  F  I  V  E  A  E  N     I
U  O  P  L  S  U  N  I  G  H  T
Y  R  E  E  X  E  O  L
T  T  F  W  E  E  M  I  I
X  Y  I  T  O  E  L  O  A
E  U  X  K  V  R  T  R  Y
L  I  O  C  T  H  N  E  X
S  E  V  E  N  T  Y  Z  C
```

On the Calendar

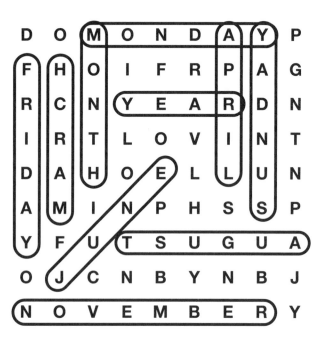

```
D  O  M  O  N  D  A  Y  P
F  H  O  I  F  R  P  A  G
R  C  N  Y  E  A  R  D  N
I  R  T  L  O  V  I  N  T
D  A  H  O  E  L  L  U  P
A  M  I  N  P  H  S  S  P
Y  F  U  T  S  U  G  U  A
O  J  C  N  B  Y  N  B  J
N  O  V  E  M  B  E  R  Y
```

Outer Space

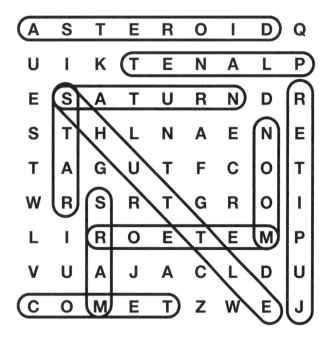

```
A  S  T  E  R  O  I  D  Q
U  I  K  T  E  N  A  L  P
E  S  A  T  U  R  N  D  R
S  T  H  L  N  A  E  N  E
T  A  G  U  T  F  C  O  T
W  R  S  R  T  G  R  O  I
L  I  R  O  E  T  E  M  P
V  U  A  J  A  C  L  D  U
C  O  M  E  T  Z  W  E  J
```

Household Pets

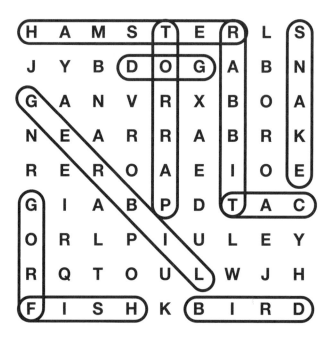

```
H  A  M  S  T  E  R  L  S
J  Y  B  D  O  G  A  B  N
G  A  N  V  R  X  B  O  A
N  E  A  R  R  A  B  R  K
R  E  R  O  A  E  I  O  E
G  I  A  B  P  D  T  A  C
O  R  L  P  I  U  L  E  Y
R  Q  T  O  U  L  W  J  H
F  I  S  H  K  B  I  R  D
```

Pizza Toppings

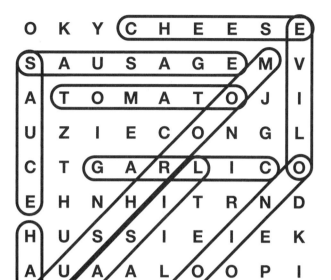

```
O K Y C H E E S E
S A U S A G E M V
A T O M A T O J I
U Z I E C O N G L
C T G A R L I C O
E H N H I T R N D
H U S S I E I E K
A U A A L O O P I
M B S V N P O C S
```

Playtime

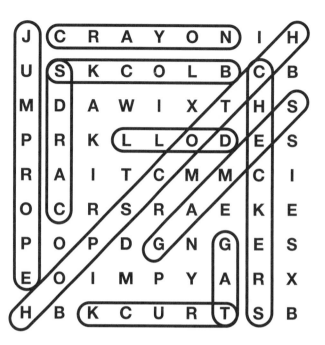

```
J C R A Y O N I H
U S K C O L B C B
M D A W I X T H S
P R K L L O D E S
R A I T C M M C I
O C R S R A E K E
P O P D G N G E S
E O I M P Y A R X
H B K C U R T S B
```

School Subjects

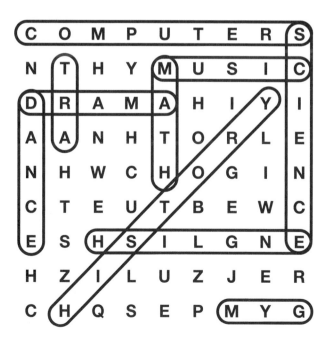

```
C O M P U T E R S
N T H Y M U S I C
D R A M A H I Y I
A A N H T O R L E
N H W C H O G I N
C T E U T B E W C
E S H S I L G N E
H Z I L U Z J E R
C H Q S E P M Y G
```

School Supplies

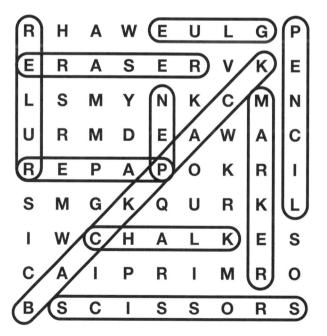

```
R H A W E U L G P
E R A S E R V K E
L S M Y N K C M N
U R M D E A W A C
R E P A P O K R I
S M G K Q U R K L
I W C H A L K E S
C A I P R I M R O
B S C I S S O R S
```

Shapes

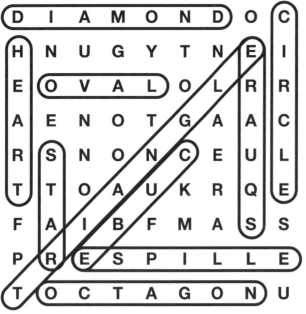

```
D I A M O N D  O  C
H N U G Y T N E  O  I
E O V A L  O L R  R
A E N O T G A A  C
R S N O N C E U  L
T T O A U K R Q  E
F A I B F M A S  S
P R E S P I L L E
T O C T A G O N U
```

Sick

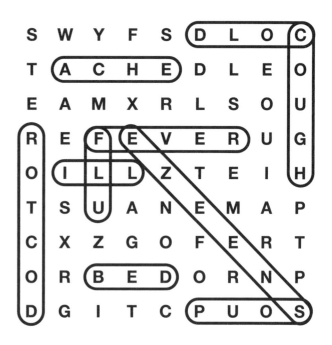

```
S W Y F S  D L O C
T A C H E  D L E  O
E A M X R L S O  U
R E F E V E R  G
O I L L Z T E I  H
T S U A N E M A P
C X Z G O F E R T
O R B E D O R N P
D G I T C P U O S
```

Sports

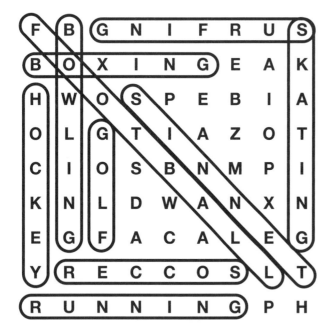

```
F B G N I F R U S
B O X I N G E A  K
H W O S P E B I  A
O L G T I A Z O  T
C I O S B N M P  I
K N L D W A N X  N
E G F A C A L E  G
Y R E C C O S L T
R U N N I N G P H
```

States

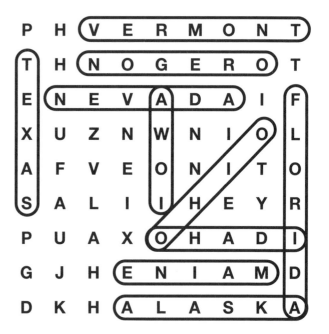

```
P H V E R M O N T
T H N O G E R O T
E N E V A D A I  F
X U Z N W N I O  L
A F V E O N I T  O
S A L I I H E Y  R
P U A X O H A D I
G J H E N I A M D
D K H A L A S K A
```

Summer

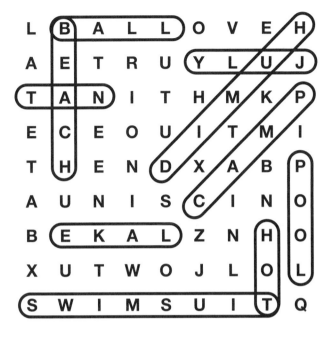

```
L  B  A  L  L  O  V  E  H
A  E  T  R  U  Y  L  U  J
T  A  N  I  T  H  M  K  P
E  C  E  O  U  I  T  M  I
T  H  E  N  D  X  A  B  P
A  U  N  I  S  C  I  N  O
B  E  K  A  L  Z  N  H  O
X  U  T  W  O  J  L  O  L
S  W  I  M  S  U  I  T  Q
```

Time to Work

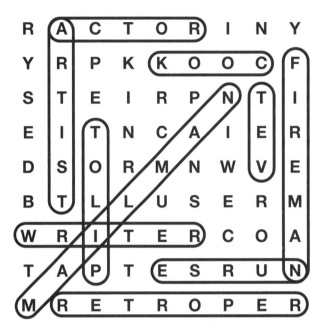

```
R  A  C  T  O  R  I  N  Y
Y  R  P  K  K  O  O  C  F
S  T  E  I  R  P  N  T  I
E  I  T  N  C  A  I  E  R
D  S  O  R  M  N  W  V  E
B  T  L  L  U  S  E  R  M
W  R  I  T  E  R  C  O  A
T  A  P  T  E  S  R  U  N
M  R  E  T  R  O  P  E  R
```

Transportation

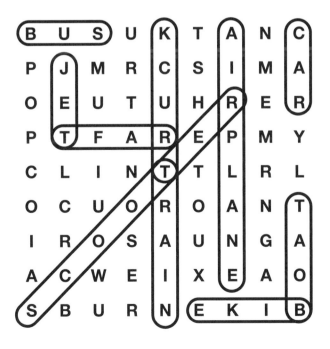

```
B  U  S  U  K  T  A  N  C
P  J  M  R  C  S  I  M  A
O  E  U  T  U  H  R  E  R
P  T  F  A  R  E  P  M  Y
C  L  I  N  T  T  L  R  L
O  C  U  O  R  O  A  N  T
I  R  O  S  A  U  N  G  A
A  C  W  E  I  X  E  A  O
S  B  U  R  N  E  K  I  B
```

Under the Sea

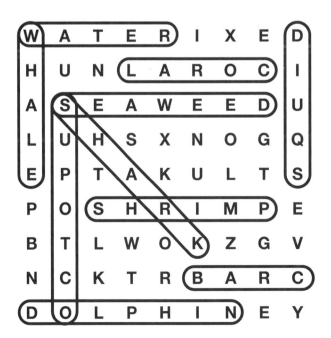

```
W  A  T  E  R  I  X  E  D
H  U  N  L  A  R  O  C  I
A  S  E  A  W  E  E  D  U
L  U  H  S  X  N  O  G  Q
E  P  T  A  K  U  L  T  S
P  O  S  H  R  I  M  P  E
B  T  L  W  O  K  Z  G  V
N  C  K  T  R  B  A  R  C
D  O  L  P  H  I  N  E  Y
```

63

Vegetables

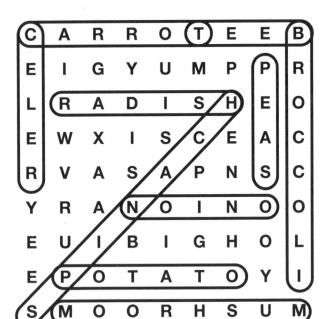

Weather

Winter

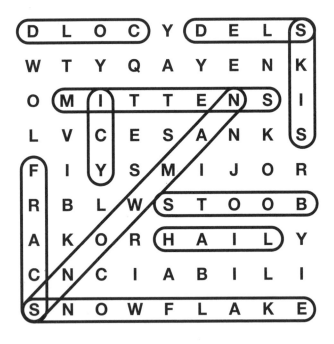

Zoo Trip

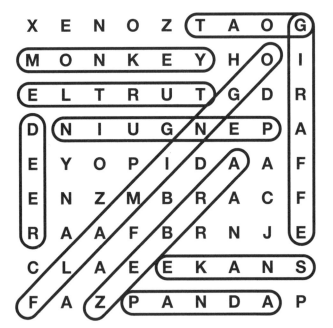

64